Stefan Koppermann

BIKINIBOMBE

Gedichte

3

Umschlagentwurf: Stefan Koppermann
Herstellung und Verlag:
Books on Demand GmbH, Norderstedt
ISBN 9783842358324
www.stefankoppermann.de

STRANDGUT 01

Im Strandgut des Lebens
Suchst du auf die Schnelle
Vergebens
Nach der Brandungswelle.

Die Eine, die dich losreißt
Aus allen Konventionen.
Die Eine, die sich verbeißt
In deinen Illusionen.

Doch sie kommt die Welle.
Sie kommt auf alle Fälle
Und spült dich hinweg von der Düne
Hinaus auf eine neue Bühne.

FISCHLAND-DARß 01
(Hohe Düne)

An Prerow heran
Liegt die hohe Düne,
Die jeder nutzen kann
Als seine eigene Bühne.

Was hat uns das Leben zu bieten,
Wenn nicht eine Düne voll Sand?
Und Begrüßungsriten
Zumeist mit der Hand.

Beizeiten sich die Wasser sich trüben
Und in den Buhnen wabert Tang.
Dann gilt es zu üben
Und zu warten auf den Fang.

Mein Liebchen sehe ich hin und wieder…
Sie ist so gut zu mir.
Darum singe ich die Lieder
Und schreibe sie aufs Papier.

SOMMERTAG

Ein Traum hat sich erfüllt
Nach langer Zeit
Unwegsamkeit
Ist die Pointe nun enthüllt.

Du bist jetzt da.
Es brennen zwei Kerzen
In unseren Herzen.
Wir sind uns nah.

Spiegel um Spiegel
Lass hinter dir.
Auch die falsche Zier`
Sei dir kein Riegel.

Einmal wird gelingen
Auch die der Brückenschlag
In einen lichten Sommertag.
So, nun lasst uns singen:

OHNE TITEL

So sage ich nur Eines: Wildpferde
Entlang der Rhône
Traben auf dieser Erde.
Auch, wenn manche meinen
Hier sei alles zum weinen…
Es ist überall schön!

BIKINIBOMBE 1

Lasst uns die Trosse kappen
Zu diesen Schmierlappen.
Im Strudel zählt der Halt,
Nach dem nun jeder krallt.

Ich habe im Spiel verpatzt
Und erst recht bei den Frauen!
Meine Gallensäfte sich stauen
Und mir der Kragen platzt:

Vollmond hoch über den Klippen
Und diese Bikinisprengkraft.
Die Gäste an ihren Gläsaern nippen.
Nein, nein. Das ist kein O-saft.

Du müsstest es wissen.
Da fiel es mir ein:
Ich könnt` dich vermissen.
Mädchen, es könnte so sein.

ABENDS

Es tröpfelt auf die Steine.
Es tröpfelt in die Nacht.
Hohl sind die Gebeine.
Die Gebeine verrotten sacht.

Eine Frage nur: Warum?
Ist eine Frage ins Kalkül.
Die Gräber, die sind stumm.
Das Leben kennt Gefühl.

Es tröpfelt auf die Steine.
Es tröpfelt in die Nacht.
Die Welt: Sie ist nur Eine.
Darüber niemand lacht…

STADT
(für Theodor Storm)

Man muss sein Leben
Aus dem Holz schnitzen,
Das man zur Verfügung hat.
Die Einen schier vergeben,
Die Anderen neu hervorblitzen.
Ja, so geht das in der Stadt.

FISCHLAND-DARß 02
(Zingster Kranichlied)

Wenn du die holden Lieder singst,
Von Kranichen, die wild trompeten.
So, am Bodden von Zingst
Ihre Rufe im Wind verwehten…

FISCHLAND-DARß 03
(Lied von der kleinen Boddennixe)

Meine kleine hölzerne Eule
Steht auf dem Nachtschrank.
Sie ist meine Freundin. Die Wahre.
Ich höre draußen das Geheule
Vom Nachtsturm ein Zeesboot sank…
Die kleine Boddennixe, glaube mir, hat schöne Haare.

HÜPFSTEIN

Mir drückte der Schuh,
Denn ich war allein,
Doch dann kamst du
Und nahmst mir die Pein.

Es war so wunderbar…
Das Leben zu zweit.
Das ist die Geschichte soweit
Nach einem Jahr.

Du verließest mich
Für einen Ander`n
Und so muss ich weiterwandern
Das geht mir voll gegen den Strich.

Ich war dein Hüpfstein,
Den tratest du mit Wucht!
Auf deiner langen Flucht
Wird es wohl der Letzte sein.

WOLKENKUCKUCKSHEIM

In Wolkenkuckucksheim wir leben
Und gehen durchs Portal,
Gerade so, als würden wir schweben.
So, als wäre es das letzte Mal…

Ja, unsere Luftschlösser wir lieben
Um ihre sanfte Geduld.
Luftschlösser sind uns geblieben…
Ja, Luftschlösser, die sind Kult!

FAST

Dass du nicht wenige Haare
Auf den Zähnen hast,
Wurde mir sofort klar.
Du sagtest: Fahre
Zur Hölle, doch fast
Fuhren wir zum Altar.

AUGENBLICK

Wenn dieses Papier
Einmal zu leben anfängt,
Dort, wo ich schreibe…
Dann bleibt mir
Nur in mich versenkt
Der Blick durch die Scheibe.

OFFEN

Dein spärlicher Abfall
Von Suppendosen
Machte mich betroffen.
Die fünf Monde der Venus im All
Voll um die Sonne tosen.
Wo du jetzt bist, bleibt offen…

STERN

O, du mein Täubchen,
Mein Sahnehäubchen
Auf dem Kuchen des Lebens.
Auf dich warte ich vergebens…
Nirgends deine holden Worte
Du Eissplittertorte,
Dich verzehre ich im Vorübergehen
Und du wirst schon sehen:
Ich mache das gerne,
Denn es leuchten die Sterne!

ELSASS-LOTHRINGEN 01
(Chalampe)

Ich ging zum Goldwaschen
Nach Chalampé
Mit leeren Taschen
Und einer Idee:

Gold sollte man hier schürfen,
Wie Mädchenherzen fein.
Ab und zu Tee schlürfen.
Gold, hörst du Hein?

ELSASS-LOTHRINGEN 02
(Salon du The)

Ja, in Mulhouse wir saßen
Der alten Arbeiterstadt
Im Salon du thé; dermaßen
Nobel; Die Sonne schien satt.

Die Damen große Sonnenbrillen trugen
Und unterhielten sich eloquent…
Merde, schrie ein Mann. Alle im Café lugen.
Und dann lachen sie los. Der Mann wegrennt.

Ich esse einen croque monsieur
Auf der Rue de la Liberté
Nehme dann die tram ins Banlieu.
Zuhause trinke ich noch einen Tee.

SCHOKOLADENSEITE

Ich erlebe gerade `ne Pleite,
Die wirklich an Hohn angrenzt.
Deine Schokoladenseite,
Nein, sie auch nicht mehr glänzt.

Es bröckelt deine Fassade
Aus eitlem Sonnenschein.
Ein Schnitzel hat Panade
Und das zumeist vom Schwein.

Ich erlebe gerade `ne Pleite.
Oh, lasst mich doch heulen
Mit den Wölfen in der Weite,
Mit den Nachteulen!

BUCHSTABEN

All` die Buchstaben,
Die sind nicht leicht zu haben!
Sie rappeln und sie tanzen
In jedem Schulranzen.

Selbst in der Suppe sie schwimmen
Mit ihren Fistelstimmen
Rufen sie nach dem Poeten.
Er solle sie ordentlich durchkneten!

Stopp! Erstmal anhalten.
Dann fügst du sie in die Form,
Doch sie fallen aus jeder Norm.
Sie fallen aus den Spalten.

All` die Buchstaben,
Die sind nicht leicht zu haben.
Der Kompost ist ein Haufen
Auf dem die Käfer laufen…

IN TROCKENEN TÜCHERN

Der Mann saß mir gegenüber
Und wir sprachen darüber
Er sagte: Das ist noch nicht in trockenen Tüchern!
Mir kam es vor, wie in alten Büchern…
Die Prinzessin auf der Burg, der Held in der Schlacht
Und dann hat die Liebe das Wunder vollbracht.

SCHEMA F

Die Leute sind es gewohnt
Vorzugehen nach einem Schema…
Doch, das ist nicht das Thema.
Wer schaut nicht gern zum Mond?

Der Mond, der hat eine dunkele Seite.
Eine Seite, die noch keiner kennt…
So manche Liebe führt in die Pleite.
So mancher sich darin verrennt.

Dann schreien sie ihr weh und ach,
Ihr hätte, wenn und aber.
Dabei führt der meiste Krach
Zu unendlichem Gelaber.

HOCHTRABEND

Losgerissen und entwurzelt
Der Mob nun durch die Strassen tobt.
Hier noch einer purzelt,
Doch es wird nicht gelobt!

Sie nach Wurzeln sich sehnen,
Doch, was kommt, ist der Sturm!
Ja, es frisst so mancher Wurm
Die Herzen, an denen wir lehnen.

Es brennt unter der Haube
So manch lockere Schraube,
Die verleiht dir erst Flügel,
Wie ein Ritt ohne Zügel.

Zwei lockere Schrauben
Sind besser, als gar keine.
Das sage ich, wenn ich meine:
Ich spreche auch zu Tauben.

STRANDGUT 02

Strandgut zu finden,
Oder Strandgut zu sein?
Mal sind es Baumrinden,
Mal ist es Bernstein.

Alles hat zwei Gesichter.
Mal ist es Sonnenschein,
Mal ist es Ostseesturm
Und so schreibt der Dichter:
Schön ist ein Stelldichein,
Wie das Feuer im Leuchtturm.

SELBSTVERGESSEN

Auf einem Stein
Habe ich gesessen.
Ganz nah am Rhein.
Ganz selbstvergessen.

Ich sah auf die Boote
Und träumte vom Meer...
Sah die Sonne, die rote,
Den Feierabendverkehr.

PAUSENCLOWN

In der Ecke steht er da,
Gänzlich zerrissen
Mit hängendem Gesicht.
Hängend auch sein Gemüt.
Nie war er so nah…
Und so beflissen
Im hellen Rampenlicht
Auf Anerkennung bemüht.

Doch die fünf Minuten…
Diese Minuten seiner Welt
Der Darstellung, der Kunst,
Der Freude, der Tränen.
Den Schlechten, den Guten
Er die Sicht verstellt.
Dann wieder der übliche Dunst,
So, dass Die Leute gähnen…

SCHWINDELETIKETT

Manche die Befürchtung hegen,
Es könnte alles irgendwann
In Wischiwaschi ausarten…
Das wird sich wieder legen,
Denn, wie man ja sehen kann,
Gibt es genug griffige Spielkarten.

IN DER GRAFSCHAFT HOYA 02
(Dom zu Bücken)

Wir machten eine Rast
Am Dom zu Bücken
Und dort aus freien Stücken
Erstaunt der fremde Gast.

Der Dom, der erzählt
Uns aus einer alten Welt.
Er die Würde erhält,
Die Würde, die uns manchmal fehlt.

Und so entstehen immer wieder
Die unerklärlichen Lücken.
Als wir gingen durch Bücken
Dachten wir an die alten Lieder:

Von König und Untertan,
Vom alten Wetterhahn,
Der wohl auf den Türmen stand.
Ja, so ist das im schönen Weserland.

KARIBISCHE PHANTASIEN 01
(Bahia de Coco)

In deiner Bahia de Coco
Schwält der feuchte Muschelgrund,
Der glitzert tief im Orinoco,
Glitzert, wie dein Perlenmund.

Unsere Liebe hat einen festen Kern,
Der brummt bis tief in die Erde.
Die Erde, sagst du, die ist ein Stern.
Darauf toben wilde Pferde.

Der Stern, der blitzt in deinem Lachen.
Der Stern, der blitzt am Palmenstrand,
Wenn wir da liegen und Dinge machen,
Die uns waren unbekannt.

In deiner Bahia de Coco
Schwält der feuchte Muschelgrund.
Du nennst mich: El Capitano…
Und hast drei Eiswürfel im Mund.

FRAUKE UND DIE TIPPELTOUR

Der Fratzen-Jimmy
Machte aus allem einen Krimi.
So auch aus der Frauke.
Die ging ihm voll auf die Pauke.

Ohne jegliche Umschweife
Kommst du auf den Punkt,
Sagt Jimmy und bevor ich begreife,
Hat es gefunkt.

Ich sitze hier am Telefon…
Du kennst ja meinen Monatslohn
Und warte, warte, warte.
Frauke ist eine Beinharte!

Der Fratzen-Jimmy
Machte aus allem einen Krimi.
Die Frauke wurde zur Hauptfigur.
Das Ende seiner Tippeltour.

TELEFON

Am Telefon schon so mancher verzagte.
Das mir kürzlich Einer sagte:
Meine Flamme ruft nicht an...
Was uns mürbe machen kann.

Andere verwählen sich bewusst
Und legen sprachlos wieder auf.
Ja, das ist der Frust, so geht der Lauf.
Als Spiel du es begreifen musst.

Doch wer rechnet schon mit Unbekannten,
Wenn er nicht Mathematiker ist?
Liebesgruß oder List?
All` die Verschmähten und Verkannten.

Ja, er ist Mathematiker
Und sie unberechenbar...
Das Eine ist doch allen klar:
Hier schreibt ein Romantiker.

HOCHOFEN

Ich rannte um deinen Hochofen
Und der war so heiß.
Rannte, wie mit den Doofen.
Rannte um jeden Preis…

Um deinen Hochofen ich rannte
Und wollte mitten hinein.
Doch ich wusste: Der brannte,
Also, lass es lieber sein!

Am Abend stieg ich unter die Brause.
War müde und schlapp…
Ja, das war eine Sause.
Mensch, das war knapp.

Um deinen Hochofen ich rannte
Und wollte mitten hinein,
Als die Lust mich übermannte,
Klingelt es. Es ist der Hein.

SEHNSUCHT

So, wie der Wind das Schilfgras weht,
So schlägt mein Herz voll Sehnsucht.
Ich schaue hinaus in die weite, weite Bucht.
Ob dort wohl bald dein Segel steht?

Am Horizont sich die Wolken kräuseln,
Doch von dir fehlt jede Spur.
Die Winde längst die Kunde säuseln.
Verlogen war der Schwur!

Der Schwur mich zu bedenken
Mit deiner Liebe voll und ganz,
Mir dein Herz zu schenken
Mit einem Blumenkranz.

Der Wind das Schilfgras weht entzwei…
Und Sehnsucht ruft nach Liebelei.
Dein Segel werde ich nimmer sichten.
Vorbei die Unglücksgeschichten.

ACCESSOIRE

Du bist auf der Suche
Nach einem Accessoire?
Nach einem, der schlägt zu Buche.
Nach dem Hingucker auf dem Trottoire.

Wie wäre es mit einer Python,
Als Schal drapiert, so nett?
Entschuldige, dass ich sponn
Und liege dabei im Bett.

Wie wäre es also mit einem Mann?
Die alte Prinzengeschichte
Der vor allem alles kann.
Der auch schreibt Gedichte…

Ja, wo gibt es den,
Wirst du mich fragen!
Hast du ihn gesehen?
Was wirst du ihm sagen?

HEITER

Hier eine kleine Wunde,
Da ein Kratzer,
Doch der Baum wächst weiter…
Aus deinem Munde
Schon wieder ein Patzer.
So etwas macht mich heiter.

GARTENZWERG

Polarluft ist im Anflug
Und Kaffee schon gekocht.
Liebe, sagt man, sei Betrug…
Trotzdem habe ich dich gemocht.

Mein Herz ein Bergwerk,
Das pumpt in einem fort?
Mein Herz ein Gartenzwerg
Und damit spielst du Mord?

EISBLUME

Kurz nach halb zwei
Bricht sie auf die Krume
Vom tiefen Frost steinhart.
Unsere Liebe, die ist frei…
Ja, so eine Eisblume
Entblättert ihre Knospen zart.

EISBLUME 2

In der Stube ist es warm
Und draußen bitterkalt.
So leben wir beim Kerzenschein…
Eisblumen sind mein Schwarm,
Wenn ich schaue hinaus in den Wald,
Dann ist da kein Schwein.

SCHRÄG
(für Franz Schubert)

Die Dinos sind ausgestorben
Und man weiß nicht warum.
Viel Geld wird umworben
(Und man weiß nicht warum)

Hier kommt eine Frau vorbei
Und fragt mich nach dem Weg…
Der Weg ist mir einerlei.
Die Frau finde ich schräg.

Leonor heißt sie mit Namen
Und liebt Schubert ohnegleichen!
Ja, der verstand sich mit den Damen.
Und die mit seinen Zeichen.

SASSI

Sommer am Baggersee…
Sassi fuhr auf dem Fahrrad
Ihre Augen, braun, wie ein Reh
Lockten mich zu einem Bad.

Sommer in den Auen.
Sommer in fernen Galaxien.
Wir lachten über Roboterfrauen,
Die Bücher, die hatten wir ausgeliehen.

Wir hüpften in das grüne Blau.
Ich hielt sie bei den Händen.
Sassi war die schönste Frau.
Doch damit soll`s nicht enden!

Wir waren glücklich, waren frei.
Mit Seeschlamm wir uns einrieben
Und dachten uns nichts dabei.
Aus der Erinnerung ist hier geschrieben.

ZWEI GESELLEN
(für Josef von Eichendorff)

Der Eine denkt vom ander`n:
Das ist ein armes Schwein!
Der geht immer noch zum Wandern.
Der hat kein Weib und keinen Wein.

Der Andere macht sich keine Sorgen
Um Nachtfalterorchideen.
Was heute nicht ist, kommt morgen.
Auch Orchideen irgendwann vergehen.

Der Eine steckt in Amt und Würden
Und tanzt auf den Banketten.
Der Andere lässt sich nichts aufbürden,
Nichts von den Schwindeletiketten.

PREISFRAGE

Wem wird es wohl nutzen,
Was nun ist geschehen?
Du musstest stutzen,
Doch es war kein Versehen.

Ein Blick, ein Wort,
Ein Händeringen.
Kein Seelenmord
Mit Meuchelklingen.

Einen Tag weiter
Umgeschlagen, wie eine Seite.
Dein stummer Reiter
Beendet auch nicht die Pleite.

Wem wird es wohl nutzen,
Was nun ist geschehen?
Die Enten sich putzen
Und die Augen verdrehen.

NEUE LIEBE

Tag über Tag, Jahr über Jahr
Pirsche ich über Land.
Knirsche ich durch die Stadt,
Denke an das zurück, was war
Und so auch, wie ich dich fand
Und ob, es eine Zukunft hat…

Diese Liebe soll blühen
Und was wir nicht wissen,
Das können wir nicht fassen.
Vor Leben soll sie sprühen!
Da, nehmt diesen Bissen
Den Anderen könnt ihr lassen!

ANTLITZ
(für Jean Paul)

Die Heiterkeit ist der Himmel
Unter dem alles gedeiht.
Die Erde überzogen von Schimmel
Ihr ein trübes Antlitz verleiht.

TOD

Zum Lachen ist mir nicht.
Vielleicht es so sein muss.
Vielleicht kommt es, wie ein Fluss,
Der alle Dämme bricht.

Vielleicht kommt ein Licht, ein Stern,
Der leuchtet von fern…
Vielleicht eine Blumenwiese
Ohne ernste Seelenkrise.

Der Fluss zerschmettert dann die Dämme
Und befreit uns aus der Klemme.
Er fließt dahin mit allen Tücken
Und wird uns zuletzt beglücken.

Zum Lachen ist mir nicht.
Das sagte zum Abschied mein Vater.
Er kennt das Theater,
Die Sorgen und dieses Gedicht.

ZWEIFEL

Viele haben heute sehr viel Zeit
Darüber nachzudenken
Und es wird sie kränken,
Dass es kam soweit.

Ihre Ziele sind verfehlt.
Verfehlt allesamt.
Was jetzt noch zählt,
Ist das Sozialamt.

Ihre, ach so geliebten Männer
Haben sie in die Flucht geschlagen.
Mir sagte jüngst ein Kenner:
Die Zweifel sie nun plagen.

War das schon alles im Leben?
Sie sich fragen unentwegt:
Wir wollten doch nach Höherem streben.
Etwas, das den Geist bewegt.

FISCHLAND-DARß 04
(Zingster Weisheit)

Eine Bratwurst macht noch keinen Sommer.
Nein, aber das machen wohl zwei!
Helene wurde auch nicht frommer,
Denn ich traf sie schon im Mai.

Eine Bratwurst macht noch keinen Sommer.
Nein, aber ein schönes Gedicht…
Helene wurde auch nicht frommer.
Das sieht man in ihrem Gesicht.

Eine Bratwurst macht noch keinen
Sommer, sagte der Mann vom Würstchenstand.
Die Gäste zahlen hier mit großen Scheinen
Und gehen dann zum Ostseestrand.

DER BLINDE JUNGE MIT DER FLÖTE

Die Hoffnung vieler
Liegt auf ihren Kindern…
Der blinde Flötenspieler
Half mein weh zu lindern.

Er kniete zwischen den Marktständen
Auf den nackten Steinen.
Die Piccoloflöte in den Händen,
Keinen Bettlernapf vor den Beinen.

Seine Musik – eine klare Quelle,
Die erhob ihre Stimme im Geschehen.
Zart, aber auf alle Fälle
So, als könnt` er alles sehen.

Die Hoffnung vieler
Und vielleicht aller Leute
Der blinde Flötenspieler
War es, der uns erfreute.

GELEGENHEIT

Du hast sicher Nerven, wie Drahtseile
Und ich warte auf Antwort.
Damit hast du keine Eile,
Denn ich laufe nicht fort.

Tag über Tag, Woche über Woche
Und nichts ist passiert!
Wenn ich nun darauf poche,
Dann ist es mein Herz, das explodiert.

Du hast sicher Nerven, wie Drahtseile,
Weißt um die Dinge Bescheid…
Ein Dichter auf der Meile
Ist für dich keine Gelegenheit.

STRICKVEREIN

Sie wollen alle einen Prinzen
Und meinen dabei: Hans Wurst klein…
Ich weiß es von Molly Hintzen,
Die ist im Strickverein.

Die Molly ist `ne gute Frau.
Die hat zwei Kinder und einen Hund.
Sie macht mal gerne "Männerschau"
Und redet mit dem Mund.

Ich traf sie kürzlich beim Kaffee.
Sie schaute etwas böse.
Vielleicht hatte sie Zahnweh,
Das machte ihr so ein Getöse.

Sie wollen alle einen Prinzen
Und meinen dabei: Hans Wurst klein…
Ich weiß es von Molly Hintzen,
Denn die liebte einst den Hein.

STAU

Ich kämpfe hier, wie ein Tiger
Und das, um meinen Job!
Auf der Bühne gibt es Sieger.
Auf der Strasse tobt der Mob.

Ich kämpfe hier, wie ein Tiger
Und das, um eine Frau!
Beständig fließt der Niger
Und ich stecke im Stau.

CHICHI

Für mich keinen chichi.
Für mich keinen Tand.
Für mich keine Hysterie,
Die schwappt durchs ganze Land.

Hier mal einen Löffel Kaviar.
Da mal eine Auster pur.
Auch die Trüffel, die sind rar
Und die Schnepfen; Wo sind sie nur?

Für mich keinen chichi.
Für mich keinen Tand.
Ich lebe in Harmonie,
Die ich soeben fand.

IM GARTEN

Für ein bisschen in deinem Garten spielen,
Muss ein Mann die Freiheit lassen.
Die, die über dein Gemüse fielen,
Fielen und können es nicht fassen!

Ja, so ein Garten, der ist chic.
So ein Garten, der ist toll.
Das alles ist kein Trick
Und ich hege keinen Groll.

Für ein bisschen in deinem Garten spielen,
Muss ein Mann die Freiheit lassen.
Beim Flirten sollten wir besser zielen,
Dann erübrigt sich das Hassen.

AUS DEN WEITEN

Wenn ich so wandere
Durch die grünen Auen
Dann ist es das Andere
Das wir in uns schauen.

Das verflixte Andere, das kommt aus den Weiten.
So, wie der Mond im Meer versinkt.
Es gibt nichts herzuleiten…
Wenn im Wind ein Lied erklingt.

Das verflixte Andere, das fest im Stein, im Wurm
Im Grase steckt.
Der Drang nach mehr, der Sturm,
Der die Sinne weckt.

Das verflixte Andere, der Blitz, das Wetterleuchten
Die Kraft der wilden Pferde,
Die wir so manchmal bräuchten
Hallt im Galopp über die Erde.

DES MANDARINS WUNDERSAME
 KURTISANE

In Mandelöl wurde sie gewogen
Und dem Mandarin zur Gabe gemacht.
Sie hat noch nie betrogen.
Sie ihm freundlich lacht.

Doch hinter den mächtigen Toren
Im üppigen Schlafgemach
Fand sie ihn sehr verloren
Und machte sodann Krach.

Um die Säulen sie tanzte
Und schwor ihm den Tod.
Der Mandarin ungerührt pflanzte
Ein Pfirsichbäumchen im Morgenrot.

STRANDGUT 03

Freibeuter und Glücksritter
Durchkämmen die Küsten…
Ach, wenn sie doch wüssten,
Dass, das Opfer schmeckt bitter.

Irgendwo gestrandet
Im Niemandsland.
Auf Nebelbänken versandet.
So ich dich fand…

Ein Schiffsbrüchiger im Sturm
Des Lebens zu sein,
Ohne Schutz, ohne Leuchtturm
Ohne Sonnenschein.

Das ist des Schicksals Blüte
Leute, die ziellos umherschwanken
Auf morschen Planken
In der Kapitänskajüte.

OHNE TITEL
(für Beata)

Beata Kartons faltet
In einer Kartonfabrik.
Sie ihn vor Wut fast spaltet
Und hört dabei Musik.

BIKINIBOMBE 2

Da kommst du!
Ich habe dich nicht gefragt
Woher. Aber im Nu
Ist mein Weh vertagt.

Man denke an den Knalleffekt,
Der in so einem Bikini steckt!
Vor allem an den heißen Blick
Für ihren Zaubertrick.

Bin ich denn Knetmasse?
Dann macht aus mir `nen Wicht.
Ich stecke fest in der Sackgasse.
Hier und da mal ein Gedicht.

Du lässt nicht an dir schrauben?
Da hilft auch kein Gejammer?
Das Eine kannst du mir glauben:
Du bist ein Bombenhammer.

BEIM SCHNEIDER

Einfach querbeet
Streut die Magd die Saat.
Bedächtig hingegen näht
Der Schneider die Naht.

Ihren Rock hat sie zerschlissen.
Also sucht sie ihn auf.
Überall Nadeln, zu Hauff.
Hier auch das Nadelkissen.

Wie Äste an einem Baum
Stecken die Nadeln im Rund.
Der Schneider prüft das Bund
Und misst den Saum.

Dann kommt er mit der Elle
Und misst auf die Schnelle
Entlang der Tuchballen,
Denn es soll ihr ja gefallen!

HERR MEIER

Einen Moment noch
Möchte ich bei dir verweilen,
Bevor mich packt das Joch
Und reißt mich aus den Zeilen.

Ein Joch, das jeder kennt.
Hier und da beginnt `ne Feier.
Mit dabei ist auch Herr Meier,
Der immer um die Theke rennt.

Er sagt: Lasse mir nichts einbrocken
Von Leuten, die halbseiden sind.
Da gehe ich lieber auf Socken
Und stelle die Schuhe in den Spind.

Soweit Herr Meier, soweit der Trubel,
Griechische Drachmen oder Rubel.
Einen Moment noch verweilen,
Ein Moment, der kann heilen!

ZUFALL

Meistens bin ich klamm,
Denn ich bin arm,
Aber nicht von Geiste.
Da hilft auch kein Tamtam,
Oder etwas Charme.
Der Zufall uns zusammenschweißte.

STRANDPERLE

Der Tiger im Matrosenhemd,
Gar lustig seine Sachen stemmt,
Denn seine Strandperlenbraut
Mit kühler Schlangenhaut
Betet in den Tempelhallen;
Es möge bald der Regen fallen
Bis, dass die Sonne wieder brennt.

Dem Tiger im Matrosenhemd,
Dem ist die Welt nicht fremd,
Denn seine Strandperlenbraut,
Mit kühler Schlangenhaut,
Die sitzt im Tropenregen
Und wird sich kaum bewegen,
Bis, dass die Sonne wieder brennt.

Der Tiger im Matrosenhemd
Der Liebsten still die Haare kämmt,
Denn seine Strandperlenbraut
Mit kühler Schlangenhaut,
Die späht nach dem gold`nen Jungen
Auf Wegen weit verschlungen,
Bis, dass die Sonne wieder brennt.

NACHT IN AFRIKA

In Afrikas langen Nächten
Liegt der Mond wohl auf dem Bauch.
Silberfische hechten
Auf dem Meer nach altem Brauch.

Leuchtfeuer in die Nacht grüssen
Vom Hexentanz im Nebelwald.
Die, die daran glauben, müssen
Ihr Fenster schließen schon bald.

In Afrikas langen Nächten
Liegt der Mond auch auf dem Rücken
Und Hexenweiber flechten
Aus den Wolken Hängebrücken.

In Afrikas langen Nächten
Verliert schon so mancher seinen Groll.
Auch die, die glauben sie vollbrächten
Wunder, erliegen dem satten Moll.

NACHT IN AFRIKA2

So liegt er also da
Der Ozean
Und darüber Afrikas schwerer Mondbauch.
Du warst mir nah…
Wie das Wasser dem Kahn.
Du warst mir nah und ich dir auch.

DER GANZ GROßE TRUBEL

Der ganz große Trubel
Um Drachmen und Rubel,
Um Hochspannungsmasten,
Um Leute, die rasten.

Der ganz große Trubel
Versetzt manche in Jubel,
Versetzt andere in Gram.
Die Einen zickig, die Anderen zahm.

Ich gehe da in so einen Laden
Und denke: Das kann nicht schaden.
Ach, da kommt ja ein Häschen…
Darauf trinke ich ein Gläschen.

KRAUT UND RÜBEN

Du hast noch mal gelacht,
Denn ich sagte: Mist!
Was du heute bist,
Das hast du gestern gedacht.

Bevor wir es ersannen,
Verzogst du das Gesicht.
Du konntest nicht entspannen,
Denn dich der Hafer sticht.

Und so zogen wir an den Fäden…
Den Roten, den Blauen, den Gelben,
Wechselten zwischendurch die Läden,
Doch wir blieben immer dieselben.

Hüben, wie drüben
Schießt man nun ins Kraut.
Kraut und Rüben,
Das singen die Kinder laut.

BEIM BÄCKER

Fleißig die Bäcker
Backen auch Torte,
Und dass ohne Worte,
Aber für alle Geschmäcker.

Im Walktrog sie mengen,
Wie bei den Büffeln,
Garnieren mit Trüffeln.
Die Schwarzbrote sie sengen.

Die Bäcker, ja sie wissen um die Kunst!
Nach harzigen Zapfen
Schmecken ihre schmalzigen Krapfen.
Sie erweisen unseren Gaumen: Gunst.

Fleißig die Bäcker
Backen und backen,
Teilchen sie lacken
Und dann rasselt der Wecker.

KUCKUCK

Der Kuckuck flog des Nachts daher…
Er kam wohl aus dem Regenwald.
Er rief nach einer Fee so sehr.
Sie träumte von ihm bald.

Der Kuckuck rief in den Wald hinein,
Denn er rief nach einer Fee.
Nach einer Fee er rief, wo bist du mein?
Wo bist du allerliebste Orchidee?

Der Kuckuck kam aus dem Regenwald.
Er rief bis ins Morgengrauen…
Die Fee, die träumte von ihm bald.
Nun sucht sie in den Auen.

FISCHLAND-DARß 05
(Waffel-Maik)

Was darf es bei Ihnen sein?
Einmal mit dem Apfelmus?
Das ist der Zingster Liebesgruß.
So eine Waffel, die schmeckt fein.

Am Stand seine Radioantenne
Ist zu einem Herz geformt
Und aus grünem Draht.
Die Kinder kommen aus der Penne
Und machen Spagat.
Die Waffeleisen, die sind genormt.

Ja, der Waffel-Maik,
Der rührt den Teig.
An der Zingster Seebrücke
Fand er die Marktlücke.

Was darf es bei Ihnen sein?
O, wie die Sonne wieder lacht!
Er so seine Späßchen macht
Und da kommt auch schon der Hein.

LICHT

Träume werden nicht immer
Wahr. Das weißt du schon.
Jetzt kommt das Gewimmer.
Jetzt kommt der Hohn.

Du bist vom hohen Ross gefallen,
Gestolpert über den Stein.
Du wirst noch gegen Mauern prallen
Und keiner holt dich rein.

Dein Schwindeletikett legt dich in Ketten.
Du denkst nur an den Hauptgewinn.
Doch niemand will mit dir wetten.
Meine Worte, sagst du: Schwachsinn.

HUBERT K.

Der Leichtmatrose
Hubert K.
Der sagte: Ja,
Und kaufte eine Rose.

Die war für sein Liebchen gedacht.
Die nämlich liebte Blüten
Und kleine Kinder mit Schultüten
Und so hat er ihr Herz entfacht.

Die Rose, die ist so fein
Und Hubert K., der hielt stille,
Denn es war ihr Wille:
Leichtmatrose, nun bist du mein!

ZIEGE

Im schönen Land der Bulgaren
Passieren ab und zu merkwürdige Dinge.
Dann kommen die Leute in Scharen
Und wollen davon hören, wie ich singe:

Der Bauer war mit seiner Frau
Rundherum nicht so zufrieden.
Das, was war, das war längst mau.
Sie waren zu verschieden…

Noch in der Nacht bei einem Bier
Er die Lösung fand:
Morgen, auf dem Markt nehme ich mir
Eine neue Ziege mit ans Band.

Für die Ziege zahle ich nicht.
Nein, dafür gebe ich dann die Frau.
Und das Ende von der Geschicht`:
Die neue Ziege gab es für lau!

FRAGE

Zeit?! Wer hat noch Zeit?
Haben SIE Zeit, fragt mich der Mann
Vom Fernsehen.
Es tut mir leid,
Aber diese Frage, sage ich irgendwann…
Ach, lassen Sie mich gehen.

WILDKÄTZCHEN

O, mein Wildkätzchen
Bleib` `mal ganz locker.
Du kommst nicht in den Schocker,
Also, mach` keine Mätzchen.

O, mein Wildkätzchen
Du wackelst schön mit den Hüften…
Du nennst mich: Schätzchen
Ja, da liegt Liebe in den Lüften.

O, mein Wildkätzchen
Lass uns heut` noch ordentlich feiern!
Nimm dir von den Plätzchen,
Den Würstchen, den Eiern…

BRIEF

Habe dir länger nicht geschrieben
Vom Lauf der Zeit einen kleinen Brief,
Gefragt nach deinem Wohlergehen.
Ja, die Zeit, wo ist sie geblieben,
Als unsere Gefühle waren tief…
Wann werden wir uns wieder sehen?

KARIBISCHE PHANTASIEN 02
(Guayacan)

Wenn der Mahagol
Beginnt zu reisen,
Richten die Indios
Von Jarabacoa ein Fest.
Guayacan soll
Ihnen Güte erweisen!
Opfer legen sie in seinen Schoß,
Rupfen Blätter, Blüten vom Geäst.

Cahoba werden sie zubereiten
Auf die Kopfschale von Tahino gelegt.
Tänzer in Trance nun gleiten,
Denn die Götterwelt sich regt.

MAIREGEN

Man kann es kaum begreifen,
Aber die Welt ist voller Wunder.
Und so auch der Mairegen…
Wenn uns zart die Tröpfchen streifen,
Suchen wir Schutz unter einem Holunder
Der wächst hier an den Hohlwegen.

OHNE TITEL

Du und dein großes Maul,,,
Wer kann es nicht leiden?
Die Eier, die sind faul
Und die Typen halbseiden.

SCHWINDELER
(für den Totenkopfschwärmer)

Du weißt, du hast nur wenig Zeit
Um den süßen Honig zu naschen.
Schnell machen sich die Bienen breit
Und wollen dich erhaschen.

Doch du bist gut gerüstet
Mit deinem Schwindelduft.
Das ist es, wonach den Bienen lüstet.
Sie kennen dich nicht, du Schuft.

Ja, gefährlich ist diese Mission:
Den Honig Ihnen zu stehlen,
Denn sie wollen dich bestrafen mit dem Tod!
Das erweckt der Leute Passion
Und sie können etwas erzählen
Vom Herzfalter in Not.

SOMMERREGEN

Wir stehen unter Ästen…
Nass bis auf die Haut.
Du gibt`s ein Lächeln zum Besten.
Der Regen schwillt; es wird laut.

Wir küssen uns vor Lust
Und schmecken die Tropfen.
So mancher hat damit Frust
Wenn sie an die Scheibe klopfen…

AUF DEM MARKT

Rot-blau marmoriert
Der klitzekleine Regenfrosch saß
In einer Bananenkiste drin!
Aus Costa Rica importiert
Er kam und hüpfte so zum Spaß
Der Marktfrau unters Kinn.

DICHTERLIED

Die Nacht ist mild
Und die Trauben reifen.
Elefantenrüsselfische wild
Durch den Niger streifen.

AIDA IM SCHWARZWALD

Ach, lass dich doch einwursten
Schrie Aida fürchterlich laut.
Wir nach Leben dursten.
Leben, das geht unter die Haut.

Wir wanderten zum Waldhorn
Durch den tiefen Schwarzwald.
Sie war ein ziemlicher Heißsporn
Und suchte irgendwie nach Halt.

Wir sprachen über Wasserbetten,
Über den wilden Pusztabär,
Der sie alle fraß die Marionetten.
So riesig war sein Wurstverzehr.

Würste hier und dort.
Marionetten von der Stange.
Wir wanderten von Ort zu Ort
Und das dauerte recht lange…

AM TRESEN

Die kleine Frisöse
Ondulierte mich in Stehen.
Ich sagte zu ihr: Löse
Dein Haar und lass es wehen!

LAMPENKÖNIG

Du sitzt da oben im Türmchen
Und hältst Maulaffen feil.
Hier unten aber glühen die Würmchen,
Glühen am Hinterteil.

AUF DER CHAUSSEE

Was kann einen schon erwärmen
Im eiskalten Getöse, im Sturm?
Fehdeworte schnell uns härmen
Und bös` frisst dann der Wurm.

Trost, Trost! Alle danach lechzen,
Doch wer spendet diesen Urquell?
Unter weh und ach wir ächzen:
Liebste, gib mir Liebe, schnell…

Doch die Fehltritte auf hartem Pflaster
Hinterlassen ein wildes Ziehen.
Hier und da die Leute fliehen
Auf der Suche nach noch mehr Zaster.

Was kann einen schon erwärmen,
Wenn nicht das Bad in der Menge?
Da, wo alle heftig ringsherum lärmen,
Lodert ein Feuer in der Enge…

STRANDGUT 04

Über von Walen bewohntem Graben
Das Leuchtfeuer blinkt.
Ob die Wale etwas davon haben,
Wenn mein Gruß im Meer versinkt?

Mein Gruß an dich, der steckt in einer Flasche,
Die schickte ich hinaus aufs Meer.
Ja, das ist so eine Masche…
Altbekannt und doch prekär.

Ja, die Wale, die wissen um die Dinge,
Die uns des Nachts bewegen.
Und so, wie sie, dann ich auch singe:
Du brauchst keinen Groll zu hegen!

SCHNELL

Lebst du noch in dir,
Oder bist du bereits ausgezogen?
Der Mann am Klavier
Spielt einen schönen Bogen.

Ich meine den von Schumann,
Oder war es doch Ravel?
Wer es nun einmal kann,
Der kann es auch schnell.

BADEMEISTER

Trillern kann der gut,
Wenn die Kinder zu heftig toben
In der grün-blauen Flut
In seinem Körbchen sitzend oben.

DICHTERLIED2

Mir bleibt die Spucke weg
Vor lauter Erstaunen.
Worin liegt denn der Zweck
Deiner kapriziösen Launen?

Die Spucke ist es, die wegbleibt
Und das immer wieder…
Die Stute sich den Hintern reibt.
Die Taube das Gefieder.

DRACHENTÖTER

Die Eine träumte vom Drachentöter:
Von Herzen mir ein Held.
Die Andere träumt vom Geld
Und nicht vom Schwerenöter…

UNTER LEUTEN

Am Barbarossaplatz
Ist niemand wirklich zuhause.
Kurz mit einem Satz:
Die Leute machen da eine Pause.

Sie trinken einen Kaffee
Oder auch die Zeitung sie lesen.
Meine Nachtfalterorchidee
Ist nicht unter Ihnen gewesen.

Ich sah dann und wann hinaus,
Sah die Züge fahren.
Die Leute stiegen ein. Sie stiegen aus.
Sie alle beschäftigt waren.

Bei Gleisbauarbeiten
Ging ich dann wieder zu Fuß.
Ja, aus solchen Zeiten
Stammt dieser ferne Gruß.

NACHT IN AFRIKA
(In der Höhle des Windes)

Ich möchte es einmal so nennen:
In der Höhle des Windes
Herrscht großes Staunen.
Betrachtungen aber nun sind es,
Die uns vom Ganzen trennen.
Betrachtungen, Wünsche, Launen.

KLEINES FEUERBÄRCHEN
(für die Buschbrandopfer 2008)

Es brennt Australien…
Diese Brände sind keine Lappalien
Das weiß auch der kleine Feuerbär,
Denn der wartet auf die Feuerwehr.

Australien brennt, wie Stroh.
Im Buschland sie alle verbrannten.
Und als wir das erkannten,
Brennt der ganze Wahnsinn lichterloh!

Ganz Australien brennt…
Und inmitten der kleine Feuerbär,
Der wartet auf die Feuerwehr,
Auf dass sie ihn bald fänd`.

OPA
(für Herrn Martin Girhahn)

Opa verkaufte Pralinen
An sehr verwöhnte Damen.
Die ließen sich von ihm bedienen,
Wenn sie in seinen Laden kamen.

Opa raucht, der Schlingel.
Opa raucht, dass es nur so kracht!
Er raucht und dampft auch Kringel.
Er raucht und singt und lacht.

SIRENEN

Der Hengst schart mit den Hufen.
Der Stier gar wütend schnaubt.
Die Sirenen lieblich rufen…
Ja, ist das denn erlaubt?

EIN MANN MIT HUNDERT HERZEN

Das Mädchen im Zimmer.
Die Stadt hat Strassen.
Das Meer, die Sterne…
Das, den Mann begleitet.
So, wie nie und nimmer
Sie ihn dann vergaßen.
Seine Heimat in der Ferne
Ihm keine Sorgen bereitet.

Wege aus der Leere
Verzweigen sich, vergabeln…
Ist die Liebe aufgespürt,
Bellen auch Hunde in der Meute.
Wer enträtselt uns das Schwere?
Die Säuglinge im Bauch, die nabeln
Und nabeln völlig unberührt.
Das, mich wiederum freute.

SOMMER

Ob wir uns trafen,
Ist verweht mit dem Wind…
Und wenn wir schlafen,
Wissen wir nicht, wer wir sind.

In blassbleicher Nacht
Steigen auf die Elfen im Rund.
Honigmond anmutig lacht.
Du schenkst mir deinen Mund.

Am Landungsstreifen
Dümpeln wir so vor uns hin.
Dort die Früchte alle reifen.
Reif, sagst du, ich bin…

OKTOBER

Unter knorrigen Wurzeln
Dampft die Erde so vor sich hin.
Ich gehe bis zum Teich.
Die lustigen Blätter purzeln.
Das ist Leben. Das macht Sinn
Und Stimmung sogleich.

Da krabbeln auch Käfer metallisch-blau.
Ist es eigentlich ein Ungeschick,
Wenn wir uns verkriechen?
Unter buntem Laub ein Fuchsbau.
Schweigen für den Augenblick
Und den Winter riechen…

Fahl gehe ich im Herbstlicht.
Die Heuschrecken hüpfen, fliegen…
Alles strebt dem Leben zu.
Den Tod, den mögen wir nicht.
Auf dem Waldboden Samen liegen.
Was sagst Du denn dazu?

KARIBISCHE PHANTASIEN 03
(Tortuga)

Die Katze zerbeißt der Ratte
Das Köpfchen,
Das sie noch soeben hatte.
Es fallen ein paar Tröpfchen.

Gefangen wurde Ballahu.
Und über offenem Feuer gebraten.
Hier kommst jetzt du
Und wir in Verzückung geraten.

Das Feuer lodert hoch und leckt.
Und du tanzt davor, wie verschraubt.
Mir sei es erlaubt:
Ich habe dich entdeckt!

Jetzt trittst du die Glut mit Füßen
Karibische Philharmonie…
Die Zikaden, Frösche versüßen
Die Gri-Gri Melodie.

KARIBISCHE PHANTASIEN 04
(Bauer von Lascahobas)

Auf dem Schimmel er ritt
Hinunter ins Tal, zur Stadt.
Die Liebe aus seinen Armen glitt.
Nun die Sehnsucht er hat.

Auf dem Markt er sein Pferd
Verkaufte. Er sich nicht darum schert
Was die Leute denken
Und so durchstreift er die Schänken.

Bei einem Rum oder auch zweien
Wird gesungen mit Gitarre.
Das Lied von José mit der Knarre.
Das Lied von Josette soll verzeihen.

Die Mamasitas an der Ecke
Wollten ihn erhaschen,
Doch er fiel in die Hecke
Mit schwerem Herz und leeren Taschen.

JUNGER HÜPFER

So manch ein junger Hüpfer,
Der hüpft nicht nur im Gras,
Der tanzt auch ohne Schlüpfer
Und sagt: Es macht mir Spaß!

FEHDELIED

Tony Melony
Fuhr in die Steiermark,
Sprach zu seiner Frau: Horch, Honey
Diese Berge find` ich stark.

Auf einem Plakat stand:
Klassiker der Moderne,
Doch Melony fand:
Das gibt es auch in Herne.

Doch seine Frau, die insistierte.
Melony in der Schänke blieb.
Auf seine Hände er hinstierte.
Die Berge, die waren ihm lieb.

Seiner Frau der Kunstrat schwärmte
Von den Meistern hoher Kunst.
Bei Gebäck und Kaffee erwärmte
Sie sich für seinen Dunst.

OHNE TITEL

Wir leben im Überfluss...
Das sage ich dir, mein Engel
Darin hat jeder Lotus
Seinen Stängel.

LIEBESLATEIN

Im Mondschatten der Reife
Vibrieren hundertzüngige Drachen.
Du öffnest deine Schleife.
Vom Treppenhaus her ein Lachen.

Gaukler auf der Strasse spielen.
Gaukler an der Ecke sitzen.
Ein paar Gedanken fielen.
Einige davon blitzen.

Du flüsterst: Romeo sei bereit
Zu kriechen durch Dornenhecken.
Der Tod findet dich zur rechten Zeit.
Stolz sollst du ihm die Zähne blecken!

OHNE TITEL

Des Mädchens zarte Regung
Verströmt in der Abendluft.
Durch die offene Verstrebung
Gelangt ihr weicher Duft.

Noch glühen ihre Wangen
Vom Feuer der Matrosen.
Noch lodert ihr Verlangen
Nach Burgunderrosen.

Sie ruft dann: Male detta…
Aus dem Liebessturm hervor.
Er kommt voll Lametta
Heraus. Das klebt ihr am Ohr.

AMOR UND PSYCHE

Zephir war lau und mild.
Eben ein Schwärmer überm Gestein.
Die Schmetterlingsfrau wild
Flog nun durch den Hain…

Was sie gern wüsste,
War, ob Amor sie begehrte.
Er in Gedanken sie küsste
Und Zephir davon belehrte.

So entstand das neue Paar:
Die Psyche und der Frühlingswind.
Das Eine ist wohl allen klar:
Verzückt sind sie von einem Kind.

08/15

Ich sage dir: Luft
Wollten die uns verkaufen.
Sie schrieen immerzu: Schuft, Schuft,
Wenn einer kam dahergelaufen

Und es liefen viele
Da so entlang.
Sie dachten an ein paar Spiele…
Wein, Weib und Gesang.

Doch sie dachten nicht an Abschied.
Nicht an das ganze Gemotze.
Ich schreibe euch nun dieses Lied
Für einen Abend vor der Glotze.

NYMPHENFÜRST

Hinten, tief, tief im Wald
Regiert der Fürst der Nymphen.
Ein Kichern durch den Nebel hallt.
Sie baden bei den Sümpfen.

Er trägt heute eine Schaumkrone,
Denn den Schmutzigen sie polieren.
Kraulen ihn. Zum Lohne
Lässt er die Käuze tirilieren.

Freude herrscht in seinem Reich.
Sie tanzen, singen und vibrieren.
Ein Spektakel hier sogleich.
Alle kriechen auf den Vieren.

RHABARBERGRÜTZE

Ich soll Witze machen
Und die Leute erheitern?
Sie möchten gern lachen
Über irgendein Scheitern?

Was noch nie gelang,
Ist die Pointe…
Ist Sturm und Drang,
Da schon einer gähnte.

Was soll es? Ich bleibe bei den Gedichten…
Die Leute lachen auch ohne Grund!
Es sind die immer alten Geschichten:
Rhabarbergrütze, die frisst kein Hund.

VENUS UND AMOR
(nach einem Bild von Lucas Cranach dem
Älteren)

Oh, sie liebte diesen wilden Krieger.
War er nicht schön, so doch interessant.
Auf seiner Brust das Zeichen der Sieger.
Unterjocht hat er ihr Feindesland.

Sie ihm gebar das Engelmännchen
So proper, listig und voll der Lust.
Artig streckt er aus das Händchen,
Wenn er saugt an ihrer Brust.

Ihre Gunst ist, was wir lieben…
Die Mutter uns alle säugt.
Sie hat uns die Trauer vertrieben,
Die beharrlich um die Ecke äugt.

Wie im Lenz der Saft
Jetzo in die Linde sprießt.
Atmest du, verströmst die Kraft.
Auf dass Liebe wohlig in dir fließt.

OHNE TITEL

Es ist fatal
Hörte ich sie flehen:
Wer ist völlig egal…
Doch einer muss gehen
Und nachsehen,
Ob die Sterne noch stehen.

KUCKUCK

Ich hörte ihn letztens rufen…
Es war wohl bei der Straminke,
Unten bei den Stufen
Hielt ich noch fest die Klinke.

Ich sage es euch meine Lieben:
Der Kuckuck, der hat Humor!
So steht es geschrieben,
Darum leiht mir euer Ohr.

Wenn sich die Kuckucksdame an die Nester macht
Um dort ihre Eier zu legen,
Dann ruft er durch den Wald und lacht:
Meinen Spross, den werden sie pflegen.

LANGEWEILE2

In allen Kisten
Wir wühlen
Nach Tricklisten
Zum Wohlfühlen.

Vom Besten das Beste…
So lassen wir uns locken.
Für rauschende Feste
Von lieblich bis trocken.

Denn die Langeweile,
Die quält in diesen Tagen!
Selbst Amor spannt Pfeile
Mit unseren Wehklagen.

Doch die schnellen ins Leere.
In den tiefen, tiefen Raum.
Wir halten es für eine Ehre.
Verehrt zu werden, für einen Traum.

BLAUE BLUME
(für Novalis)

Die Saat, die fällt nun in die Krume.
Die Saat, die nun aufgeht.
Es wächst im Acker eine Blume.
Im Acker eine Blume steht.

Diese Blume blüht so blau…
Sie hat noch keinen Namen.
Ich beschwöre es meine Damen:
Sie ist, wie eine schöne Frau.

Ich ging mit ihr durch den Garten.
Ich ging mit ihr durch den Hain.
Ja, die blaue Blume, die war mein…
Nahm sie mit auf Überfahrten.

Wer nun glaubt, er hätte sie schon gesehen
Und in die Arme geschlossen,
Der glaubt, er tanze mit Feen.
Mit Feen er Tränen vergossen.

Die Saat, die fiel nun in den Acker.
Die Saat hat alle Zeit der Welt.
Jünglinge, die Mädchen, alle träumen wacker,
Doch der Sämann hat das Feld bestellt.

Diese Blume blüht so blau.
Sie hat noch keinen Namen.
Im Feld nun liegt ihr Samen
Und den Spross, den grüßt der Tau.

BREI

Du möchtest immerzu schleichen
Um den heißen Brei herum?
Das wird kaum reichen,
Denn der Brei, der ist nicht dumm.

WÜRMER

O, diese grauen Jahre!
Jahre der Dunkelheit.
Jetzt liegen sie auf der Bahre
Und haben endlich Zeit.

Zeit sich die Hände zu reichen.
Zeit für die Sonne, für den Regen.
In den Gräbern, in den Leichen
Sich nur die Würmer bewegen.

FÜR MEINE STUBENFLIEGE

Du brummst mir um die Birne
Und kitzelst mich an der Nase.
Doch ich lieb` ein Mädchen anstatt!
Du krabbelst mir auf der Stirne.
Da, schau jetzt gefällt dir der Hase.
Der haut dich nicht platt…

DAS LIED VOM SCHWINDELETIKETT

Auf Erniedrigung folgt Rache.
Auf Einschüchterung der Trotz…
Von Liebe zu reden, das ist so eine Sache.
Jedenfalls fließt Wasser und Rotz.

Aus Langeweile wird Schmerz,
Wenn sich die Fronten verhärten
Und in blumigen Gärten
Versöhnt man sich. Das ist kein Scherz!

Wenn Neugier erneut entflammt…
Die Neugier auf diese Welt
Und man sich sein Kinderherz behält,
Dann ist da Freude insgesamt.

Auf Erniedrigung folgt Rache.
Auf Einschüchterung der Trotz.
Ich liebe deine Glockenlache
Die ihn weg haut, den Klotz.

ENDE

Über Nacht ausgeglüht,
Ist so manches Feuer.
Hier und da bemüht
Man eingerissenes Gemäuer.

Zu oft schon hat Kalkül
Nicht die Brücken getragen.
Es kam dann das schale Gefühl
Herauf gekrochen vom Magen.

Dort, wo Schmetterlinge noch jüngst tobten
Und Charme uns den Alltag versüßt,
Waren es Kinder, die sich wohl verlobten,
Waren es wohl Kinder, o, seid mir gegrüßt.

Über Nacht ausgeglüht
Ist so manches Feuer.
Der Funke ist versprüht…
Das Ende wird teuer.

STRANDGUT 05

Als mich einst die Sehnsucht rief,
Da schrieb ich einen Brief,
Den schickte ich unbekannterweise
Auf die lange Reise.

Ich schob ihn in die Flasche.
Das ist so eine Masche
Und warf ihn ins Meer.
Da treibt sie nun beim Schiffsverkehr.

Die Flaschenpost. Wird sie dich erreichen?
Oder wird sie als Strandgut enden?
Ich schaue zum Horizont, suche nach Zeichen
Und werde diesen Tag froh gestimmt beenden.